PREFÁCIO

O homem nunca se encontrou cara a cara com um dinossauro não aviano (ou seja, que não era ave), mas várias evidências da passagem desses animais pela Terra foram identificadas a partir de fósseis descobertos ao longo dos séculos, como restos de seus corpos ou pegadas.

Descubra, em imagens espetaculares, como os dinossauros não avianos eram magníficos, desde os mais antigos até as últimas espécies, e compare o seu tamanho e massa com os de pessoas e objetos que existem atualmente no nosso planeta.

Dados Internacionais de catalogação na Publicação (CIP) de acordo com a ISBD

S964m	Susaeta Ediciones.
	O magnífico livro dos dinossauros / Susaeta Ediciones ; traduzido por Natan Santos Brilhante ; Ilustrado por Miguel A. Rodríguez Cerro. - Jandira, SP : Ciranda Cultural, 2023.
	106 p. : Il. ; 26,70cm x 35,70cm.
	Título original: El Magnífico Livro de los Dinosaurios ISBN: 978-65-261-0613-6
	1. Literatura infantil. 2. Dinossauro. 3. Pré-história. 4. Ciências naturais. 5. Aprendizado. 6. História. I. Brilhante, Natan Santos. II. Cerro, Miguel A. Rodríguez. III. Título.
2023-1059	CDD 028.5 CDU 82-93

Elaborada por Lucio Feitosa - CRB-8/8803

Índice para catálogo sistemático:
1. Literatura Infantil 02.5
2. Literatura Infantil 82-93

Ilustrações: Miguel A. Rodríguez Cerro
Projeto gráfico: Jose Luis Paniagua
Pré-impressão: Miguel Ángel San Andrés
© SUSAETA EDICIONES S.A.
C/ Campezo, 13 - 28022 Madri
Tel.: 91 3009100 - Fax: 91 3009118

© 2023 desta edição:
Ciranda Cultural Editora e Distribuidora Ltda.
Produção: Ciranda Cultural
Tradução e revisão técnica: Natan Santos Brilhante
Preparação: Fátima Couto
Revisão: Angela das Neves
Diagramação: Edilson Andrade

1ª Edição em 2023
3ª impressão em 2025
www.cirandacultural.com.br
Todos os direitos reservados.

Qualquer forma de reprodução, distribuição, comunicação pública ou modificação desta obra somente pode ser realizada com a autorização de seus titulares, salvo exceção prevista em lei. Em caso de fotocópia ou escaneamento de alguma parte desta obra, comunicar ao CEDRO (Centro Espanhol de Direitos Reprográficos). (www.conlicencia.com; 91 702 19 70 / 93 272 04 47).

O MAGNÍFICO *Livro* DOS DINOSSAUROS

Ciranda Cultural

ÍNDICE

INTRODUÇÃO 8

Os dinossauros deste livro

TRIÁSSICO

- Herrerassauro 10
- Eoraptor 12
- Plateossauro 14
- Celófise 16

JURÁSSICO

- Dilofossauro 18
- Heterodontossauro 20
- Megalossauro 22
- Saurópodes gigantes 24
- Alossauro 26
- Criolofossauro 28
- Apatossauro 30
- Braquiossauro 32
- Diplodoco 34

- Camarassauro 36
- Estegossauro 38
- Ornitoleste 40

CRETÁCEO

- Iguanodonte 42
- Amargassauro 44
- Psitacossauro 46
- Barionix 48
- Pelecanimimo 50
- Hipsolofodonte 52
- Espinossauro 54
- Deinonico 56
- Carcarodontossauro 58
- Giganotossauro 60
- Parassaurolofo 62
- Lambeossauro 64
- Hadrossauro 66
- Maiassaura 68
- Coritossauro 70
- Pentacerátopo 72
- Troodonte...................... 74
- Carnotauro 76
- Estiracossauro 78
- Ovirraptor 80
- Velocirraptor 82
- Paquicefalossauro 84
- Ornitomimo 86
- Galimimo 88
- Utahraptor 90
- Tiranossauro 92
- Tricerátopo 94
- Anquilossauro 96
- Centrossauro 98
- Argentinossauro 100

❋ INTRODUÇÃO

Quem são os dinossauros?

Os dinossauros não são definidos por seu grande tamanho, pois há grandes e pequenos, ou modo de vida, pois há carnívoros e herbívoros. Uma das características que os distinguem de outros animais é a posição vertical das patas abaixo do corpo, que é encontrada também nas aves modernas. Os crocodilos, que parecem ser similares, têm as patas posicionadas nas laterais do corpo. Além disso, os dinossauros tinham o acetábulo perfurado.

Os dinossauros não avianos caminharam sobre a Terra por mais de 150 milhões de anos. Os seres humanos estão aqui há apenas 300 mil anos, e convivemos com uma infinidade de espécies diferentes: outros mamíferos, peixes, répteis, insetos... O mesmo ocorreu com os dinossauros, que coexistiram com numerosos outros seres vivos.

🦖 Os dinossauros tinham uma longa fileira de dentes, que, no caso dos carnívoros, eram muito afiados. *Muitos apresentavam garras, em especial os carnívoros, para capturar suas presas de modo mais eficiente.* Assim como as aves, alguns tinham penas. Outros tinham placas ósseas espalhadas pela cabeça e pelas costas, que podiam servir para regular a temperatura. Também apresentavam escamas, como os répteis atuais.

PALATO SECUNDÁRIO: os dinossauros tinham dois palatos, que lhes permitiam respirar e engolir ao mesmo tempo. *Nunca se engasgavam ao comer.*

COR: é muito difícil saber qual era a cor dos dinossauros pelos fósseis, embora se acredite que eles deviam ser de cores muito variadas, dependendo do hábitat, *como acontece com os animais de hoje.*

CABEÇA: alguns tinham uma *crista* na cabeça (como o parassaurolofo); outros tinham *chifres* (como o tricerátopo); e outros tinham *abóbadas*, formando um tipo de capacete (como o paquicefalossauro).

Dinossauros do TRIÁSSICO

Herrerassauro

Dinossauro de Herrera

Em 1958, um camponês argentino chamado Victorino Herrera descobriu o fóssil de um dinossauro carnívoro na Patagônia. Ao estudá-lo, os paleontólogos perceberam que era uma espécie muito antiga, tão antiga quanto o eoraptor. Decidiram nomear esse dinossauro com o nome do seu descobridor: o herrerassauro foi então revelado ao mundo.

COMPARE!
- 1,2 m de altura
- 3 m de comprimento
- 30 kg

- 3 m de altura

Herrerassauro

🦖 Foi um dos primeiros grandes dinossauros predadores. Na sua época, existiam poucos dinossauros, a maioria deles era pequena: *o herrerassauro deve ter sido tão intimidante para eles quanto o tiranossauro é para nós.*

🦖 No Parque Ischigualasto, na Argentina, onde foi descoberto esse dinossauro, é possível entender *como era a Terra durante o Período Triássico.*

DINOSSAUROS DO TRIÁSSICO

Eoraptor
Caçador da alvorada

Viveu há cerca de 231 milhões de anos no Noroeste da atual Argentina. Esse pequeno dinossauro media um pouco mais de 1 m de comprimento, apenas 45 cm de altura e pesava entre 5 e 10 kg – peso de um cão dachshund, conhecido como "salsicha". Acredita-se que caçava animais pequenos, como insetos, lagartixas e mamíferos, graças à sua agilidade e aos dentes e garras afiados.

O primeiro dinossauro?

Em um belo dia, um animal pré-histórico parecido com um dinossauro botou um ovo do qual saiu um animal com características semelhantes às dos dinossauros. No entanto, ainda não sabemos exatamente qual era esse animal. Em 1991, quando o eoraptor foi descoberto, *os paleontólogos suspeitaram que ele poderia ter sido um dos primeiros dinossauros*, daí o seu nome.

Eoraptor

🦖 A variedade de tamanho entre as espécies de dinossauros condicionava o seu modo de defesa. *Eles tinham de competir pela sobrevivência.*

🦖 Ao contrário de outros répteis, *os dinossauros não se arrastavam pelo chão*, mas caminhavam e corriam com as patas verticalizadas abaixo do corpo.

COMPARE!

- 0,45 m de altura
- 1,2 m de comprimento
- 5-10 kg

- 50 cm de altura
- 25 kg

DINOSSAUROS DO TRIÁSSICO

Plateossauro

Lagarto de comprimento

Foi um dos primeiros dinossauros herbívoros com capacidade de alimentar-se da vegetação mais alta. Podia manter-se sobre duas ou quatro patas, e assim conseguia apanhar as plantas baixas e a folhagem de árvores mais altas. Foi um dos primeiros grandes herbívoros, podendo atingir grandes proporções, que, dependendo do indivíduo, variavam entre 5 e 10 m de comprimento.

🦖 Suas mãos tinham dedos robustos **com garras longas** para arrancar as folhas das árvores ou para defender-se.

O segredo do êxito

Os arcossauros, grupo ao qual pertencem os dinossauros, desenvolveram mais um processo ósseo no fêmur – o quarto trocânter. O ser humano tem apenas três, que servem para o encaixe de músculos da perna. Nos dinossauros, essa estrutura servia de ancoragem para músculos da cauda que se conectavam à perna traseira do animal, *afetando sua movimentação e postura.*

Seu pescoço longo e flexível sustentava *uma cabeça pequena.*

COMPARE!

- 1,6-3 m de altura
- 5-10 m de comprimento
- 600-4.000 kg

- 3 m de altura

DINOSSAUROS DO TRIÁSSICO

Celófise

Forma oca

É um dos dinossauros mais antigos e conhecidos do Triássico. Era muito grácil. Media cerca de 3 m de comprimento e 1,2 m de altura. A cauda podia medir mais da metade do comprimento total do corpo. Andava sobre as duas patas traseiras, o que lhe permitia correr rapidamente e saltar sobre as presas.

"Osso da sorte"

Foi o primeiro registro de um dinossauro não aviano com fúrcula. Esse osso é formado pela junção das clavículas nas aves e em alguns outros dinossauros terópodes. *A fúrcula é popularmente conhecida como "osso da sorte"*, pois, conforme a tradição, cada pessoa segura uma das suas extremidades de cima, faz um pedido e puxa a ponta até parti-la. *Terá o seu desejo realizado aquele que obtiver a parte longa do osso.* Claro, ninguém nunca tentou isso com uma fúrcula de dinossauro não aviano...

COMPARE!

- 1,2 m de altura
- 3 m de comprimento
- 25 kg

- 1,70 m de altura
- 80 kg

Celófise

🦖 O crânio é pontiagudo, com orifícios que reduzem o peso, e os dentes são afiados. Essas características, somadas a um esqueleto leve, com longas patas traseiras, *tornavam o celófise um caçador eficiente.*

🦖 A mandíbula possibilitava cortar as suas presas *com um movimento de serra.* Não só abria e fechava a boca como também rasgava.

Um carnívoro veloz

As garras dos membros dianteiros eram utilizadas para atacar as presas, pois ele era carnívoro.

DINOSSAUROS DO JURÁSSICO

Dilofossauro

Dilofossauro

Lagarto com duas cristas

Foi um dos primeiros grandes carnívoros do Jurássico. Esse caçador deve ter usado seu par de cristas para chamar a atenção. Media cerca de 7 m de comprimento, pouco mais do que um elefante, e pesava quase meia tonelada. Tinha uma cabeça enorme e músculos fortes que controlavam o pescoço comprido e flexível.

- Movia-se agilmente, e suas presas provavelmente eram pequenos dinossauros herbívoros. Viveu no continente norte-americano, no início do Período Jurássico.

- Caminhava sobre as patas traseiras, pois as dianteiras eram curtas.

Caçador ou necrófago?

Acreditava-se que a mandíbula do dilofossauro não era resistente e que esse animal *caçava principalmente com as garras*, podendo alimentar-se apenas de animais mortos. No entanto, estudos recentes demonstram o contrário – que ele era um caçador formidável.

COMPARE!

- 2,2 m de altura
- 7 m de comprimento
- 400 kg

- 5 m de comprimento
- 4.000 kg

DINOSSAUROS DO JURÁSSICO

Heterodontossauro

Lagarto com dentes diferentes

Esse dinossauro herbívoro podia movimentar as mãos com cinco dedos e agarrar objetos. Era pequeno: pesava entre 2 e 10 kg. Vivia em locais de clima seco e estépico.

🦖 As patas traseiras tinham três dedos direcionados para a frente e um quarto dedo que poderia ajudar no equilíbrio quando o animal não se encontrava em movimento.

🦖 A maioria dos dinossauros tinha apenas um tipo de dente, mas o heterodontossauro tinha *três tipos diferentes*, parecidos com incisivos, caninos e molares – daí o seu nome.

20

DINOSSAUROS DO JURÁSSICO

Megalossauro
Lagarto grande

Esse dinossauro era bem grande. Seus fósseis foram encontrados na Inglaterra e revelaram um dinossauro bípede (caminhava sobre duas patas) do tamanho de um ônibus: 6 m de comprimento e 700 kg de peso. Tinha uma boca cheia de grandes dentes curvos e serrilhados – um espanto!

Necrófago?

Apesar do seu tamanho grandioso e provável ferocidade, já que ele podia atacar inclusive dinossauros saurópodes, é também possível que, às vezes, o megalossauro abocanhasse presas mortas. Mas não devemos culpá-lo por ter sido um carniceiro: *manter um corpo tão poderoso exigia uma grande quantidade de comida.*

COMPARE!

- 1,8 m de altura
- 6 m de comprimento
- 700 kg

- 3 m de altura
- 5 m de comprimento
- 4.000 kg

Megalossauro

🦕 Foi o primeiro dinossauro não aviano a ser descrito: em 1676, parte de um osso foi descoberta perto de Oxford, na Inglaterra. O fóssil foi levado ao professor Robert Plot, da universidade local, que reconheceu ser um osso demasiadamente grande para pertencer a alguma espécie viva conhecida. Ele concluiu então que *se tratava do osso da coxa de um gigante. Atualmente, sabemos que era o fêmur de um megalossauro.*

Um monstro?

No século XIX, mais fósseis foram encontrados, possibilitando que o megalossauro fosse mais bem descrito. Entretanto, antigamente os paleontólogos pensavam que esse animal pudesse ser um monstro de enorme cabeça que caminhava sobre quatro patas.

DINOSSAUROS DO JURÁSSICO

Saurópodes gigantes

Patas de lagarto

No final do Jurássico, um grupo de dinossauros se tornou enorme: os saurópodes, herbívoros de pescoço comprido, cabeça pequena e cauda forte, que andavam sobre quatro patas. As espécies maiores chegavam a medir mais de 35 m de comprimento, da cabeça à cauda. Hoje em dia, só existe um animal que se aproxima dessas medidas: a baleia-azul, que mede cerca de 30 m de comprimento e pode pesar mais de 150 t.

Um pescoço longo!

O pescoço de alguns saurópodes poderia chegar a mais de 15 m – *seis vezes maior do que o mais longo pescoço de uma girafa*. Eles se alimentavam de folhas altas das árvores, que engoliam inteiras. *Para ajudar na digestão, ingeriam pequenas pedras*, que moíam o alimento – gastrólitos, cujos vestígios têm sido encontrados em fósseis.

Saurópodes gigantes

🦕 O enorme peso dos saurópodes era sustentado por membros colunares. Os dedos das patas anteriores de alguns saurópodes eram muito diferentes quando comparados com os dos grandes quadrúpedes atuais. Em vez de estarem lateralmente posicionados, formavam colunas verticais. *Suas pegadas dianteiras eram arredondadas e, dependendo da espécie, podiam gerar uma marca com diâmetro de mais de 1 m.*

🦕 Anteriormente, os saurópodes, como o braquiossauro, costumavam ser retratados em lagos ou rios, mas atualmente sabemos que eles passavam pouco tempo na água. Suas patas eram relativamente estreitas em comparação ao corpo, portanto, *se submergissem, poderiam afundar na lama.*

Que pescoção!

Os saurópodes suportavam o peso do seu grande pescoço graças às *suas vértebras com cavidades que estavam ligadas a um sistema de sacos aéreos.*
As cavidades dos ossos dos saurópodes permitiam que esses fossem mais leves, tal como nas aves atuais.

Alossauro

Lagarto estranho

O alossauro era tão comprido quanto dois carros (9 m) e quase tão alto quanto um poste de luz (2,5 m), mas pesava "apenas" 2 t – o mesmo peso de um rinoceronte-indiano, que tem menos da metade do seu comprimento. Ou seja, o alossauro era relativamente leve para o seu porte.

🦖 O alossauro conseguia caçar dinossauros herbívoros grandes. Mas, sempre que podia, *priorizava indivíduos filhotes, idosos ou doentes.*

🦖 Apesar do significado do seu nome, que o qualifica como "estranho", o alossauro é um dos dinossauros carnívoros com maior número de fósseis encontrados, o que o torna *uma verdadeira joia tanto para os especialistas quanto para os entusiastas de dinossauros.*

Um grande caçador!

Com sua *enorme boca repleta de dentes afiados*, o alossauro podia realizar um ataque feroz. Também tinha um pescoço forte, o que lhe permitia mover de cima para baixo seu grande crânio com movimentos rápidos e poderosos, tornando-o um caçador eficiente.

COMPARE!
- 3 m de altura
- 2,5 m de altura
- 9 m de comprimento
- 2.000 kg

DINOSSAUROS DO JURÁSSICO

Criolofossauro

Lagarto de crista congelada

Esse dinossauro bípede viveu no que hoje é a Antártica, há cerca de 200 milhões de anos. Além de ter sido o primeiro dinossauro carnívoro a ser descoberto na Antártica, foi também o primeiro dinossauro do continente a ser oficialmente nomeado. Devido à sua crista, foi apelidado de "Elvissauro" – uma referência ao cantor Elvis Presley (1935-1977).

A estranha crista do criolofossauro se estende de um lado a outro na parte de cima da cabeça, lembrando um topete pequeno.

✻ DINOSSAUROS DO JURÁSSICO

Apatossauro

Lagarto enganador

O apatossauro media cerca de 4,5 m de altura, do chão à cabeça, 25 m de comprimento (o equivalente a cinco automóveis) e pesava mais de 25 t. Cogita-se que ele conseguia erguer-se sobre duas patas para alcançar os ramos mais altos das árvores. Era herbívoro e deslocava-se lentamente, devido ao seu peso enorme. Vivia em manadas para se proteger dos predadores.

Trovão sem nuvens!

Quando esse grandalhão começava a andar, seus passos ressoavam como verdadeiros trovões por toda a planície jurássica. *Seu peso equivaleria ao de 26 carros!*

Apatossauro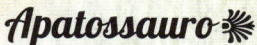

🦕 O apatossauro tem a honra de ter sido o primeiro saurópode com o esqueleto completo exposto ao público. Porém, somente na década de 1970 foi possível conhecer qual era o formato correto do crânio do apatossauro. Até então, as montagens do seu esqueleto e as ilustrações mostravam uma cabeça baseada na de outro dinossauro grande, *o camarassauro, que também ultrapassava 20 m de comprimento*.

COMPARE!

- 4,5 m de altura
- 25 m de comprimento
- 25.000 kg

- 3 m de altura
- 5 m de comprimento
- 4.000 kg

Mais pesado!

Suas patas tinham dedos curtos. A cauda era muito comprida e se assemelhava a um chicote – parecida com a cauda de outro dinossauro saurópode, o diplodoco. No entanto, as vértebras do pescoço e da cauda do apatossauro eram mais robustas. Por isso, embora esses dois dinossauros *fossem muito semelhantes, o apatossauro pesava muito mais.*

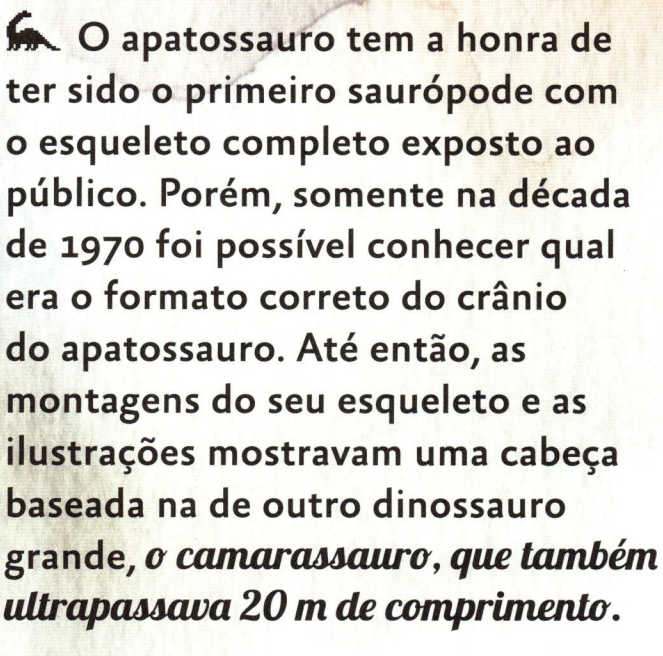

DINOSSAUROS DO JURÁSSICO

Braquiossauro

Lagarto-braço

Esse dinossauro colossal pesava entre 28 e 47 t, media cerca de 20 m de comprimento e tinha a altura de um edifício de quatro andares. As patas dianteiras do braquiossauro eram maiores do que as traseiras, tal como as das girafas. Alcançava as copas das árvores com o seu superpescoço de 15 m, sem ter que se colocar sobre duas patas.

🦕 O seu nome científico significa "lagarto-braço", uma referência aos seus membros anteriores compridos. Sabe-se que viveu sobretudo no território da atual América do Norte. *Você consegue imaginar um bando de braquiossauros na sua região?*

Braquiossauro

🦕 Na Península Ibérica foram descobertos dinossauros da mesma família: o lusotitã, descoberto em Portugal, na vila de Lourinhã, e o galvessauro, encontrado na Espanha, na província de Teruel. *Todos viveram entre 155 e 145 milhões de anos atrás, no final do Período Jurássico.*

Haja coração

O braquiossauro devia ter um coração potente, *capaz de bombear o sangue à cabeça elevada* (mas ainda não sabemos como). No entanto, quando não estava comendo, talvez colocasse o pescoço em uma posição horizontal para favorecer a circulação sanguínea.

COMPARE!

- 9 m de altura
- 20 m de comprimento
- 28.000-47.000 kg

- 13 m de altura

✤ DINOSSAUROS DO JURÁSSICO

Diplodoco
Viga dupla

Com o devido respeito ao braquiossauro, não podemos falar de dinossauros gigantes sem também pensar no diplodoco. Entre os dinossauros, a silhueta do diplodoco é uma das mais fáceis de desenhar: cauda e pescoço longos sobre quatro patas robustas. É um dos dinossauros mais compridos que se conhece, com estimativas de 29 a 33 m de comprimento. As patas dianteiras eram ligeiramente menores do que as traseiras, resultando em uma postura mais horizontal entre os saurópodes.

Diplodoco

🦕 Seu nome se deve ao formato dos ossos da cauda, *uma verdadeira maravilha da engenharia biológica*: era extremamente comprida e incluía mais de *80 vértebras*, podendo ser utilizada para defesa, fazer barulho ou contrapeso para o seu *pescoço longo*, que era igualmente espetacular. As patas eram robustas como torres. A cabeça era pequena em comparação com o resto do corpo.

🦕 Esse animal magnífico passava a maior parte do tempo em busca de alimento, sem se afastar do bando. Provavelmente, alimentava-se de folhas de árvores altas, mas também de plantas mais próximas do solo, como samambaias e arbustos. Com seu pescoço comprido, podia facilmente procurar por plantas mais deliciosas. *O seu tamanho afugentava muitos predadores, mas ele nem sempre estava livre de ataques.* Nesses casos, poderia usar a extremidade da cauda, muito fina, como um poderoso chicote.

COMPARE!
- 6-7 m de altura
- 29-33 m de comprimento
- 23.000 kg
- 3 m de altura

Uma centena de vértebras

Do pescoço à cauda, o diplodoco tinha cerca de cem vértebras. *As do dorso eram enormes,* pois suportavam o peso das demais vértebras.

Dinossauros do JURÁSSICO

Camarassauro

Lagarto com câmara

Ao lado do apatossauro e do diplodoco, outro grande réptil viveu na América do Norte entre 155 e 145 milhões de anos atrás: o camarassauro. Suas quatro patas tinham quase o mesmo comprimento, proporcionando uma postura horizontal. Seu enorme peso (mais de 40 t) dificultava que o animal ficasse em pé. Media cerca de 20 m de comprimento, e sua cauda não era tão comprida quanto a do diplodoco, nem se assemelhava a um chicote. Para defender-se, tinha uma garra contundente em cada uma das patas dianteiras.

COMPARE!

- 9 m de altura
- 20 m de comprimento
- 47.000 kg

- 3 m de altura

Camarassauro

🦕 Embora o camarassauro possa ter convivido com o apatossauro e com o diplodoco, ao examinar o formato dos crânios e dos dentes desses dinossauros, os cientistas concluíram que eles não deviam competir por comida, uma vez que o camarassauro devia estar mais adaptado à dieta composta por plantas mais duras. Vale destacar que o clima e a escassez de alimentos o obrigavam a deslocar-se com frequência, *já que precisava comer meia tonelada de plantas por dia!*

Qual é o propósito dessas câmaras?

Seu nome faz alusão às vértebras esburacadas (ou "câmaras"). O camarassauro não se moveria sem essas cavidades para aliviar o peso: o seu esqueleto tinha aproximadamente o dobro do peso do esqueleto do diplodoco – *para se ter uma ideia, mesmo com as câmaras, ele pesava mais de 40 t!*

DINOSSAUROS DO JURÁSSICO

Estegossauro
Lagarto-telhado

Esse dinossauro herbívoro viveu nas regiões que correspondem à América do Norte e à Península Ibérica entre 155 e 150 milhões de anos atrás. Tinha uma fila de placas sobre a coluna vertebral (o seu nome se deve a isso) e esporões na cauda. O corpo, com 7 m de comprimento, terminava em uma cabeça minúscula: o encéfalo era muito pequeno, pouco maior que uma noz, mas tinha o tamanho necessário para que esse dinossauro levasse uma vida tranquila de herbívoro.

Muito popular!

O estegossauro é um dos dinossauros mais conhecidos. *Apareceu em muitos filmes e desenhos animados.* Na cauda tinha quatro grandes esporões, dois de cada lado, com os quais poderia defender-se bastante bem, pois mediam até 90 cm de comprimento.

Estegossauro

🦕 A função das placas do estegossauro tem sido muito debatida pelos paleontólogos e já foi atribuída à defesa, à exibição e ao controle da temperatura corporal. Atualmente, a hipótese mais aceita sugere que essas placas eram usadas para exibição e, secundariamente, *para funções termorreguladoras*.

🦕 O estegossauro comia vegetação rasteira, como arbustos e musgos, pois provavelmente não conseguia atingir os ramos mais altos das árvores. A baixa movimentação da mandíbula, associada aos dentes pequenos, triangulares e planos, era suprida pela *ingestão de gastrólitos (pequenas pedras que eram ingeridas para auxiliar na digestão)*.

🦕 As placas não estavam diretamente unidas ao esqueleto do estegossauro e não eram totalmente rígidas, sendo irrigadas por *vasos sanguíneos* e tendo provavelmente *cores vivas*.
🦕 Um fóssil de estegossauro também foi encontrado na vila de *Lourinhã, em Portugal*.

COMPARE!

• 3 m de altura • 7 m de comprimento • 5.000 kg	• 3 m de altura • 5 m de comprimento • 4.000 kg

DINOSSAUROS DO JURÁSSICO

Ornitoleste

Ladrão de aves

Era um carnívoro astuto, leve e veloz. Media cerca de 2 m de comprimento. Tinha um pescoço esguio, patas traseiras maiores do que as dianteiras e uma cauda longa e estabilizadora. Alimentava-se de vertebrados pequenos. Tinha uma excelente visão e, quando capturava uma presa, devorava-a com a ajuda dos dentes afiados e curvos.

Braços longos!
Seus braços eram bem desenvolvidos, e as patas dianteiras eram munidas de garras longas e afiadas, o que *possibilitava agarrar eficazmente as presas.*

Ornitoleste

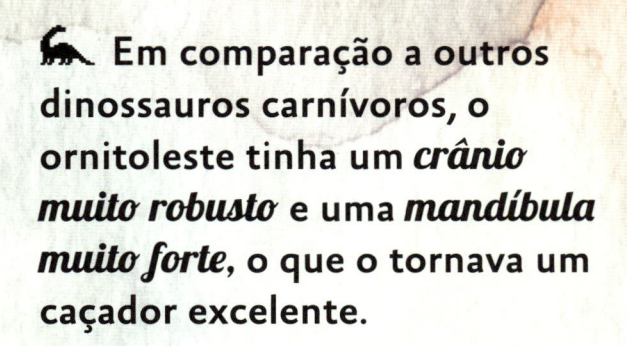

🦕 Em comparação a outros dinossauros carnívoros, o ornitoleste tinha um *crânio muito robusto* e uma *mandíbula muito forte*, o que o tornava um caçador excelente.

🦕 Quando foi descoberto, *pensava-se que as aves faziam parte da dieta do ornitoleste*. Há inclusive uma ilustração antiga de um ornitoleste caçando um arqueópterix.

🦕 Em comparação ao celófise (ver pp. 16-17), o ornitoleste tinha um focinho curto com mais dentes, que eram também maiores. Suas patas dianteiras eram mais longas. Graças a essa distinção, pensa-se também que o ornitoleste *poderia caçar presas de maior dimensão*.

COMPARE!

- 0,50 m de altura
- 2 m de comprimento
- 13-15 kg

- 1,70 m de altura
- 80 kg

DINOSSAUROS DO CRETÁCEO

Iguanodonte
Dente de iguana

O iguanodonte foi um dos primeiros dinossauros a ser descrito, em 1825, pelo geólogo inglês Gideon Mantell, que assim o nomeou ao verificar que os dentes encontrados eram semelhantes aos de iguanas (mas cerca de vinte vezes maiores!). Esses dinossauros provavelmente viviam em bandos, já que muitos fósseis foram encontrados juntos.

Usava a espora?

O iguanodonte podia andar sobre duas ou quatro patas, já que os dedos do meio das patas dianteiras suportavam seu peso. *O polegar das mãos tinha uma espora afiada* que servia para ele se defender de predadores.

Iguanodonte

🦕 Apesar de muitos fósseis terem sido classificados como iguanodontes ao longo dos anos, a quantidade exata de espécies associadas a esse gênero ainda é discutida pelos cientistas. *Nota-se também que há uma diferença de tamanho entre os exemplares descobertos.*

🦕 Mastigar folhas durante muito tempo desgastava os dentes, por isso o iguanodonte *tinha muitos dentes de substituição*. Deve ter sido um dinossauro abundante, *pois os fósseis dessa espécie foram encontrados em muitos locais da Europa*, como Alemanha, Espanha e Portugal.

COMPARE!

- 3 m de altura
- 9-11 m de comprimento
- 4.500 kg

- 3 m de altura

DINOSSAUROS DO CRETÁCEO

Amargassauro
Lagarto de La Amarga

O amargassauro era um saurópode com algumas características bastante especiais. Media cerca de 10 m de comprimento, 3 m de altura e pesava 3.000 kg. Tinha duas fileiras de espinhos altos que se projetavam a partir da coluna vertebral. Para um saurópode, exibia um tamanho médio e um pescoço curto.

Foi descoberto na cidade de La Amarga, na província argentina de Neuquén.

Dinossauro com velas?

Alguns paleontólogos acreditam que os espinhos do amargassauro eram cobertos de pele, *formando duas velas paralelas sobre sua coluna vertebral.* Não se sabe ao certo qual era a aparência desses espinhos, nem a sua função, que poderia ser de defesa ou de exibição.

Amargassauro

A descoberta do amargassauro foi uma alegria! Foi encontrado apenas um fóssil, um esqueleto quase completo, algo que não é muito comum. *Em vista disso, é possível recriar corretamente o seu aspecto.*

COMPARE!
- 3 m de altura
- 10 m de comprimento
- 3.000 kg

- 3 m de altura

Dinossauros do CRETÁCEO

Psitacossauro

Lagarto-papagaio

O psitacossauro pertence ao grupo dos ceratopsianos, que inclui dinossauros com bico curvo e chifres na cabeça. É um dos representantes mais antigos desse grupo e, por isso, apresenta uma morfologia distinta. A maioria dos membros desse grupo é quadrúpede, enquanto ele era bípede. Tinha um tamanho semelhante ao de um cão e era muito leve.
Há uma curiosidade a respeito dos seus dentes, que se afiavam sozinhos. O psitacossauro viveu no Cretáceo Inferior, entre 126 e 101 milhões de anos atrás.

Camuflagem?

Um fato maravilhoso sobre o psitacossauro é que sabemos como ele era por fora! Um exemplar bem preservado foi encontrado na China, o que permitiu descobrir que a pele do psitacossauro *continha células com melanina, responsáveis pela pigmentação.* Por isso, sabemos que seu dorso era mais escuro, e o abdômen, mais claro. Desse modo, a pele o *ajudava a camuflar-se na vegetação* e a enganar os predadores.

Psitacossauro

🦕 Os representantes do grupo dos ceratopsianos ("caras com chifres") são herbívoros, têm bico e viveram em regiões que hoje correspondem à América do Norte, Ásia e Europa. *A presença de bicos é um traço marcante desse grupo.*

Anexos dérmicos

Além das escamas, o tegumento do exemplar esplêndido de psitacossauro da China também revela a *presença de estruturas tubulares ocas semelhantes a cerdas.*

COMPARE!
- 0,50 m de altura
- 2 m de comprimento
- 25 kg

- 50 cm de altura
- 25 kg

Dinossauros do CRETÁCEO

Barionix

Garra pesada

O barionix era um carnívoro bastante peculiar que tinha uma enorme garra de 31 cm de comprimento no primeiro dedo da mão. Era bípede e tinha pernas longas. Seus braços também eram bem desenvolvidos, motivo pelo qual alguns cientistas discutiram sobre a possibilidade de o animal adotar uma postura quadrúpede durante a caça. Media quase 10 m de comprimento e pesava mais de 1 t. Uma das características mais marcantes desse animal é a presença de longas garras manuais.

Poderia alimentar-se de peixes, graças ao formato peculiar dos dentes cônicos, encaixados em uma mandíbula bem comprida. Além disso, foram encontradas *escamas de peixes preservadas dentro de seu sistema digestivo*. Mas é provável que tivesse uma dieta mais generalizada, uma vez que o osso de um dinossauro iguanodontídeo juvenil também foi encontrado dentro do seu sistema digestivo.

Barionix

COMPARE!

- 3 m de altura
- 10 m de comprimento
- 1.200-2.000 kg

- 1,70 m de altura
- 80 kg

Mais curiosidades!

O barionix exibia um longo pescoço. *Semelhante a um crocodilo, tinha focinho comprido e boca com grande quantidade de dentes.* Vivia em ambientes quentes e úmidos, repletos de rios e de lagos.

Dinossauros do CRETÁCEO

Pelecanimimo

Imitador de pelicano

O pelecanimimo media entre 1,9 e 2,5 m de comprimento. Tinha um papo na garganta parecido com o dos pelicanos (motivo do seu nome), que poderia ser utilizado para armazenar os peixes que capturava. Seus vestígios foram encontrados perto de um lago, e tudo indica que os peixes eram o seu principal alimento.

Tantos dentes!

O pelecanimimo foi descoberto na província de Cuenca, em Las Hoyas, na Espanha. Nessa localidade foi encontrado um esqueleto bastante completo e em excelente estado de preservação. Assim, sabemos que esse animal *tinha cerca de 220 pequenos dentes* – uma grande diferença em relação a outros dinossauros do seu grupo, que praticamente não tinham dentes.

Pelecanimimo

COMPARE!

- 1 m de altura
- 1,9-2,5 m de comprimento
- 17-30 kg

- 1,70 m de altura
- 80 kg

DINOSSAUROS DO CRETÁCEO

Hipsilofodonte

Dente de crista alta

Os primeiros fósseis de hipsilofodonte foram encontrados em 1849 e inicialmente confundidos com os do iguanodonte. Contudo, em 1870 foram apontadas algumas diferenças entre essas duas espécies: o hipsilofodonte, por exemplo, tinha uma dentição única, em forma de folha. Diferentemente de outros dinossauros, tinha bochechas, que lhe permitiam mastigar melhor.

Que rápido!

A velocidade era a sua principal defesa, e, se observarmos as suas patas traseiras, compridas e fortes, podemos ver que o hipsilofodonte *devia ser um corredor veloz*. Suas patas dianteiras eram comparativamente curtas, e *no focinho havia um "bico córneo"*, que usava para arrancar plantas.

Hipsilofodonte

🦖 Esse dinossauro tinha cinco dedos nas mãos e quatro nos pés. *Era leve para um dinossauro* – seu peso é estimado em cerca de 20 a 40 kg.

🦖 Mastigar continuamente *desgastava os dentes*. Imagina-se que eram afiados em contato uns com os outros e substituídos quando se desgastavam.

COMPARE!

- 0,45 m de altura
- 2 m de comprimento
- 20-40 kg

- 1,70 m de altura
- 80 kg

DINOSSAUROS DO CRETÁCEO

Espinossauro
Lagarto-espinha

A "vela" que envolvia as suas incríveis espinhas vertebrais era espetacular, podendo ultrapassar 1,5 m de altura. Além de altas, essas estruturas eram rígidas. Imagina-se que eram revestidas de pele. Além disso, esse "animalzinho" era enorme: media mais de 14 m de comprimento e pesava cerca de 7 t.

COMPARE!
- 4,4 m de altura
- 14 m de comprimento
- 7.000 kg

- 3 m de altura
- 5 m de comprimento
- 4.000 kg

Para que servia a vela?

A função dessa protuberância incrível ainda é discutida atualmente. Alguns cientistas sugerem que devia servir para regular a temperatura corporal do espinossauro. Imagine que você está ao sol e tem uma vela como essa, que aquece e transmite calor para o seu corpo. *Desse modo, esse dinossauro poderia aquecer-se ou arejar-se de acordo com as suas necessidades.*

Dinossauros do CRETÁCEO

Deinonico

Garra terrível

O deinonico poderia atingir 3 m de comprimento e pouco mais de 1 m de altura. Tinha focinho largo e boca típica de um caçador, com cerca de 70 dentes curvos e muito afiados. Embora não haja vestígios da sua pele, os paleontólogos acreditam que ele devia ter penas.

Um ótimo caçador!

O deinonico era um caçador eficiente, que costumava agir em grupo. Corria muito, usando a cauda para se equilibrar. *Assim, suas presas teriam dificuldade em escapar.*

Deinonico

COMPARE!

- 1,2 m de altura
- 3 m de comprimento
- 60-75 kg

- 1,70 de altura
- 80 kg

DINOSSAUROS DO CRETÁCEO

Carcarodontossauro

Lagarto com dentes de tubarão

O carcarodontossauro fazia jus ao seu nome. Tinha muitos dentes serrilhados, usados para rasgar a carne das presas, que morriam de hemorragia. Media mais de 10 m de comprimento e podia pesar mais de 6 t. Devia conseguir correr cerca de 30 km/h, mas uma queda durante a corrida poderia ser desastrosa, já que as suas patas dianteiras eram demasiadamente curtas para o ampararem.

Guerras malditas!

Os primeiros fósseis de carcarodontossauros foram destruídos por bombardeios em Munique, durante a Segunda Guerra Mundial.

COMPARE!
- 3,5 m de altura
- 12 m de comprimento
- 6.200 kg
- 3 m de altura

DINOSSAUROS DO CRETÁCEO

Giganotossauro

Lagarto gigante do Sul

Ao contrário do tiranossauro, há sugestões de que o giganotossauro podia caçar em grupo e podia predar grandes saurópodes, como o andessauro. Embora fosse enorme (cerca de 13 m de comprimento), tinha patas traseiras bem fortes que lhe permitiam adquirir certa agilidade.

Giganotossauro

🦕 Ainda não se sabe com certeza como funcionava o metabolismo dos dinossauros. No entanto, alguns dinossauros não avianos, como o giganotossauro, têm características de animais homeotérmicos, *de sangue quente*, o que lhes permitia *ter um modo de vida mais ativo*.

COMPARE!

- 4 m de altura
- 13 m de comprimento
- 7.200 kg

- 3 m de altura

✳ DINOSSAUROS DO CRETÁCEO

Parassaurolofo

Próximo ao lagarto-de-crista

O parassaurolofo é um dos dinossauros com "bico de pato" mais estranhos. Tinha uma crista enorme sobre a cabeça, em forma de tubo, que se projetava para trás: media quase 2 m e estava ligada ao nariz. O parassaurolofo conseguia caminhar sobre duas ou quatro patas, mas preferia este segundo modo enquanto comia. No entanto, quando precisava correr, erguia-se sobre as patas posteriores. Media cerca de 9,5 m de comprimento, 3 m de altura e pesava 2.500 kg.

Para que servia a crista?

Acredita-se que, com a crista, ele emitia um som *semelhante ao de um trombone, comunicando-se assim com os demais indivíduos do seu grupo*. Além de emitir sons *para alertar seus companheiros*, a crista era também utilizada para exibição.

Parassaurolofo

O parassaurolofo tinha um crânio sofisticado, cuja mandíbula lhe permitia mastigar de maneira eficaz, não apenas de cima para baixo, mas também lateralmente, da direita para a esquerda. *Era herbívoro e usava o seu "bico" para arrancar plantas.*

COMPARE!

- 3 m de altura
- 9,5 m de comprimento
- 2.500 kg

- 3 m de altura

DINOSSAUROS DO CRETÁCEO

Lambeossauro

Lagarto de Lambe

O lambeossauro, de cerca de 7 m de comprimento, tinha pele com escamas que se encaixavam umas nas outras como peças de um mosaico. Poderia caminhar sobre duas ou quatro patas, mas corria apenas sobre as duas traseiras. Sua boa visão e ótima audição o mantinham alerta aos perigos. O seu nome presta homenagem ao paleontólogo Lawrence Lambe, que o estudou em 1902.

Substituição de dentes

O lambeossauro utilizava o bico para cortar a vegetação, comendo plantas muito duras, o que lhe desgastava os dentes, que acabavam por cair. No entanto, *apresentava centenas de dentes dispostos em fileiras* e prontos para substituir continuamente aqueles que se desgastavam.

Lambeossauro

COMPARE!

- 2,1 m de altura
- 7 m de comprimento
- 2.500 kg

- 1,70 m de altura
- 80 kg

Que crista!

A crista do lambeossauro era muito peculiar, pois tinha a forma de um machado. *Poderia servir como sinal visual, possibilitando assim que os indivíduos do grupo se reconhecessem entre si.* É possível que fosse também usada para *emitir sons*, tal como a crista do parassaurolofo.

DINOSSAUROS DO CRETÁCEO

Hadrossauro

Lagarto corpulento

Esse dinossauro dá nome a toda uma família, os hadrossaurídeos, que tiveram distribuição territorial ampla durante o Cretáceo. Eram dinossauros herbívoros, de médio a grande porte. Alguns tinham uma crista na cabeça e um focinho que terminava em um tipo de "bico de pato", embora, na parte posterior da boca, também tivessem dentes para mastigar as plantas.

A crista

Há descrições de dois tipos de hadrossaurídeos: com crista oca e sem crista, como o animal da imagem. O parassaurolofo e o lambeossauro são exemplos de hadrossaurídeos com crista. Essas estruturas podem *auxiliar na identificação da espécie e do sexo do indivíduo.*

COMPARE!

- 2,6-2,8 m de altura
- 7-8 m de comprimento
- 2.000-4.000 kg

- 3 m de altura
- 5 m de comprimento
- 4.000 kg

Hadrossauro

🦕 Os hadrossaurídeos também são chamados de dinossauros "bico de pato".

DINOSSAUROS DO CRETÁCEO

Maiassaura

Lagarto-boa-mãe

O maiassaura foi um dos primeiros registros de um dinossauro que cuidava das crias no ninho. Seu nome carinhoso se deu justamente por seus fósseis terem sido encontrados junto de ninhos com cascas de ovos e filhotes. Quando saíam dos ovos, mediam por volta de 40 cm de comprimento e apresentavam ossos relativamente mais leves e patas mais fracas. No entanto, cresciam rapidamente: já atingiam quase 1,5 m de comprimento cerca de um ano após o nascimento, quando então abandonavam o ninho.
O crescimento acelerado pode indicar que eram homeotérmicos.

COMPARE!

- 2,9 m de altura
- 9 m de comprimento
- 4.000 kg

- 1,70 m de altura
- 80 kg

Maiassaura

🦕 A fêmea punha de *30 a 40 ovos* em um ninho grande escavado no solo. Colocava folhas sobre esse ninho, que, ao entrarem em decomposição, produziam calor e incubavam os ovos. Os filhotes permaneciam no ninho durante vários meses após o nascimento, onde eram alimentados pelos pais com matéria de origem vegetal. Mais tarde, já capazes de saírem do ninho, juntavam-se ao grupo. *Seu desenvolvimento estaria completo com cerca de 8 anos.*

Viagem espacial!

Em 1985, pequenas partes de fósseis de maiassaura foram transportadas pelo astronauta Loren Acton para o espaço. Os fósseis de maiassaura foram devolvidos à Terra após o término da missão.

DINOSSAUROS DO CRETÁCEO

Coritossauro

Lagarto com elmo

Esse dinossauro se distinguia por ter uma crista alta e estreita. Sobre a cabeça, parecia que levava a metade de um prato ou um capacete como o usado pelos antigos guerreiros gregos, por isso o seu nome. A crista teria cores vivas, permitindo-lhes um reconhecimento entre indivíduos da mesma espécie. É possível que as cristas das fêmeas fossem menores que as dos machos. Os filhotes também deviam ter cristas pequenas. No seu interior existiam tubos ocos ligados ao nariz, que deviam emitir sons.

Partes da pele

O primeiro fóssil de coritossauro foi descoberto em 1911, no Canadá. Foi uma descoberta importante, pois, além de se tratar de um esqueleto quase completo, havia também pedaços de pele fossilizada – algo raro. No mesmo local foram encontrados fósseis de outros dinossauros da mesma família dos hadrossaurídeos, como o parassaurolofo, o lambeossauro e o gripossauro. *Isso indica que o coritossauro deve ter convivido com grupos formados por outras espécies.*

Coritossauro

🦕 Alguns fósseis bem preservados de coritossauro não tiveram um final feliz. Em 1916, durante a Primeira Guerra Mundial, o navio que os levava rumo à Inglaterra foi afundado por um navio de guerra alemão. *Esses exemplares de dinossauros permanecem no fundo do oceano Atlântico*, à espera de alguém que os salve.

🦕 Não podemos dizer que esses dinossauros eram pequenos, pois mediam cerca de 8 m e pesavam quase 3 t!

COMPARE!

- 2,5 m de altura
- 8 m de comprimento
- 2.800 kg

- 1,70 m de altura
- 80 kg

DINOSSAUROS DO CRETÁCEO

Pentacerátopo

Cara com cinco chifres

Viveu 10 milhões de anos antes do famoso tricerátopo e era quase tão grande quanto ele: media 6 m de comprimento, 3,5 m de altura e pesava 2,5 t. Quando foi descoberto, pensava-se que, além dos dois chifres no topo do crânio e um sobre o nariz, teria mais dois, um de cada lado da face. Mais tarde, descobriu-se que esses chifres laterais eram projeções ósseas na região da bochecha, em forma de ponta.

Um dos mais cabeçudos!

Tal como o torossauro, o pentacerátopo tinha uma grande estrutura óssea que cercava a região acima do pescoço – o adorno, rodeado de pequenas pontas. O pentacerátopo tinha um dos maiores e mais compridos crânios já registrados (bem como o titanocerátopo, o tricerátopo e o torossauro).

Pentacerátopo

🦖 Esses dinossauros tinham um bico duro e poderoso, que era utilizado para arrancar folhas rijas e plantas lenhosas. Esse bico grande funcionava como uma verdadeira ferramenta de trabalho, imprescindível para se alimentarem.

COMPARE!
- 3,5 m de altura
- 6 m de comprimento
- 2.500 kg

- 3 m de altura

DINOSSAUROS DO CRETÁCEO

Troodonte

Dente que fere

É difícil saber quão inteligentes eram os dinossauros, mas podemos focar naqueles que tinham um encéfalo grande em relação ao corpo pequeno. O troodonte cumpre bem tal requisito: apesar de não ser um dos maiores dinossauros conhecidos, tinha, proporcionalmente, um dos maiores encéfalos em relação ao seu tamanho corporal.

- Graças a um fóssil da família Troodontidae (*Mei long*), sabemos que alguns dinossauros não avianos podiam dormir como as aves, *com a cabeça virada para trás, sobre o dorso.*

COMPARE!

- 1 m de altura
- 2 m de comprimento
- 50 kg

- 50 cm de altura
- 25 kg

Visão binocular

Os olhos do troodonte estavam posicionados para a frente, ao contrário dos de muitos outros dinossauros, que tinham os olhos posicionados lateralmente. Essa característica *devia possibilitar uma noção de profundidade* mais aguçada, ajudando-o a perceber a que distância estavam suas presas.

DINOSSAUROS DO CRETÁCEO

Carnotauro

Touro carnívoro

Era um dinossauro de tamanho médio, comparativamente a outros grandes carnívoros: quase 8 m de comprimento e 3 m de altura. Pesava cerca de 1,5 t e ficou conhecido pelos seus cornos de "touro". Devido à impressão da pele que estava preservada, sabemos que havia diversas protuberâncias.

COMPARE!

- 3 m de altura
- 2,9 m de altura
- 7,8 m de comprimento
- 1.350 kg

Mais leve!

Tal como em outros dinossauros, o crânio do carnotauro tinha uma série de aberturas que o tornavam mais leve, mas era compacto e robusto, o que lhe permitia caçar de modo mais eficaz. Provavelmente, os cornos poderiam ser usados entre indivíduos da mesma espécie em disputas territoriais.

77

DINOSSAUROS DO CRETÁCEO

Estiracossauro

Lagarto com pontas

Esse dinossauro, de 5,5 m de comprimento e 2,7 t, é muito fácil de identificar, pois exibe uma cabeça adornada com espinhos impressionantes. Mas não se deixe enganar pela aparência: talvez eles não fossem tão fortes quanto pareciam. Poderiam romper-se durante a luta e deviam servir para ser exibidos e assustar os oponentes, e não para uma defesa adequada.

Adorno espinhoso!

O estiracossauro é um caso especial, pois exibia ornamentos espinhosos. *Ao balançar a cabeça, sua aparência devia ser impressionante!* Com seu porte majestoso, dissuadiria outros animais de enfrentá-lo, evitando assim ferimentos graves.

COMPARE!
- 2,6 m de altura
- 5,5 m de comprimento
- 2.700 kg

- 1,70 m de altura
- 80 kg

Estiracossauro

🦕 *A estrutura óssea* da ampla cabeça era *rodeada de espinhos*. Os do topo eram os maiores e podiam atingir 55 cm de comprimento.

🦕 O chifre no topo do nariz era, sem dúvida, *uma formidável arma de defesa.* Os espinhos posteriores da cabeça deviam servir, possivelmente, para que esse dinossauro afugentasse os rivais ou para se exibir.

DINOSSAUROS DO CRETÁCEO

Ovirraptor

Ladrão de ovos

Em 1923, o explorador Roy Chapman Andrews descobriu na Mongólia um fóssil de dinossauro sobre o ninho. Inicialmente, devido à posição, pensou-se que o dinossauro estava roubando os ovos. Tal interpretação, contudo, estava equivocada, pois o dinossauro estava chocando os ovos e não tentando roubá-los! O ovirraptor era parecido com uma ave, media 1,6 m de comprimento e pesava entre 33 e 40 kg.

Crista e penas?

O ovirraptor tinha uma crista na cabeça, e é provável que tivesse penas ao longo do corpo. *Suas características sugerem alguma proximidade evolutiva com as aves.*

Ovirraptor

🦕 O seu focinho era curto, e a mandíbula, muito robusta. *Não tinha dentes, mas sim um tipo de bico que era usado para que ele se alimentasse.* Os dedos das mãos eram longos, com garras afiadas.

🦕 O crânio tinha aberturas laterais e *uma protuberância curiosa, parecida com uma crista*, que sobressaía no focinho.

COMPARE!

- 0,75 m de altura
- 1,6 m de comprimento
- 33-40 kg

- 1,70 m de altura
- 80 kg

DINOSSAUROS DO CRETÁCEO

Velocirraptor

Ladrão veloz

O velocirraptor é o dinossauro mais famoso da sua família, os dromeossaurídeos. Pesava cerca de 20 kg e era tão grande quanto um peru, embora metade do comprimento do seu corpo fosse constituída pela cauda. Tinha garras afiadas. O segundo dedo do pé era munido de uma poderosa garra bastante ampla e curva, que devia auxiliá-lo na caça.

Velocirraptor

No cinema!

No filme *Jurassic Park*, a representação do velocirraptor é bem maior: quase 2 m de altura. No entanto, esse tamanho seria mais parecido com o de alguma outra espécie de dromeossaurídeo de grande porte, como o utahraptor.

COMPARE!

- 0,65 m de altura
- 2 m de comprimento
- 20 kg

- 1,70 m de altura
- 80 kg

DINOSSAUROS DO CRETÁCEO

Paquicefalossauro

Lagarto de cabeça grossa

O paquicefalossauro media aproximadamente 4,5 m de comprimento e pesava entre 370 e 450 kg. Esse herbívoro tinha uma abóbada óssea bastante rija no topo da cabeça, de até 25 cm de espessura. Mais grossa que dois tijolos!

COMPARE!

- 1,4 m de altura
- 4,5 m de comprimento
- 370-450 kg

- 1,70 m de altura
- 80 kg

Um possível herbívoro!

Não sabemos com exatidão qual era a dieta desse dinossauro. No entanto, assume-se que fosse *herbívoro*, alimentando-se de folhas, sementes e frutas.

Paquicefalossauro

Olhe o meu capacete!

A função da cúpula no topo da cabeça ainda é alvo de discussão entre paleontólogos; *talvez servisse para intimidar os adversários* ou para fins de exibição. No entanto, a possibilidade de que essa estrutura fosse usada para confrontos, especialmente entre machos, não foi descartada.

Dinossauros do CRETÁCEO

Ornitomimo

Imitador de aves

O ornitomimo se assemelhava a um avestruz. Vivia em áreas pantanosas e possivelmente se nutria de diversos tipos de alimentos. Parte da sua dieta devia incluir pequenos vertebrados, como lagartos e mamíferos, mas também ovos, invertebrados e plantas. Media cerca de 1,5 m de altura e pesava cerca de 170 kg.

Com penas?

Seguramente, tinha penas e uma *silhueta parecida com a das aves corredoras atuais, como o avestruz.*

COMPARE!

- 1,5 m de altura
- 3,8 m de comprimento
- 170 kg

- 1,70 m de altura
- 80 kg

Ornitomimo

🦖 Os representantes do grupo dos ornitomimos viviam sobretudo nos territórios das atuais Ásia e América do Norte. *Assemelhavam-se às aves, inclusive por terem ossos leves, pneumáticos.* Seu crânio era muito pequeno em relação ao resto do corpo, e os olhos, muito grandes.

✳ DINOSSAUROS DO CRETÁCEO

Galimimo

Imitador de galinhas

O galimimo foi descoberto na década de 1960 e publicado em 1972. Media 6 m de comprimento e 1,9 m de altura. Apesar de provavelmente atingir mais de 400 kg, corria muito rapidamente, pois tinha ossos ocos e pernas fortes. Deve ter vivido em locais pantanosos com períodos de seca.

COMPARE!
- 1,9 m de altura
- 6 m de comprimento
- 450 kg

- 1,70 m de altura
- 80 kg

Galimimo

🦖 O bico do galimimo tem estruturas semelhantes às de algumas aves atuais, que filtram o alimento da água, como os flamingos. No entanto, *como uma tartaruga, o galimimo pode ter usado o bico para arrancar plantas*. Provavelmente era onívoro!

Grande corredor!

É possível que fosse um grande velocista, *atingindo quase 60 km por hora*. Foi encontrado na região que atualmente corresponde ao Deserto de Gobi.

DINOSSAUROS DO CRETÁCEO

Utahraptor

Ladrão de Utah

O utahraptor, um dos maiores "raptores" já descobertos, era um verdadeiro pesadelo. Viveu há 120 milhões de anos no território da atual América do Norte. Foi estimado com cerca de 7 m de comprimento e 500 kg. Assim como outros dromeossaurídeos, era um predador temível, com dentes e garras afiados. É possível que caçasse em grupo, deixando as presas sem escapatória.

Dromaeosauridae

Os dinossauros não avianos que popularmente *chamamos de "raptores"* são da família Dromaeosauridae (dromeossaurídeos) – *"lagartos corredores"*. Seus registros mais antigos remontam ao Jurássico e mostram uma distribuição geográfica ampla.

Utahraptor

🦖 Embora nunca tenham sido encontradas penas preservadas *junto do utahraptor, é provável que eles as tivessem, como visto em outros dromeossaurídeos*. A família Dromaeosauridae viveu até o final do Período Cretáceo.

COMPARE!

- 1,8 m de altura
- 7 m de comprimento
- 500 kg

- 1,70 m de altura
- 80 kg

Tiranossauro

Lagarto tirano

Os maiores dinossauros carnívoros pertenciam ao grupo dos terópodes ("pé de besta"). O tiranossauro é o mais conhecido dos terópodes não avianos e viveu no final do Período Cretáceo. Tinha um crânio enorme, com uma mandíbula forte, e a boca repleta de dentes muito robustos. Consegue imaginar um réptil com mais de 10 m de comprimento e 8 t de peso caminhando pela paisagem cretácea? Sua cauda longa e robusta servia de contrapeso para seu enorme crânio; além disso, ele tinha esqueleto pneumático, parcialmente oco, e patas traseiras poderosas.

✦ Quando tinha oportunidade, alimentava-se de animais mortos. *Mas certamente não era apenas necrófago*, pois foi encontrado um fóssil de tricerátopo mordido por um tiranossauro, que, no entanto, conseguiu escapar e sarar após a luta.

- Da raiz à ponta, o maior dente de tiranossauro encontrado media *30 cm de comprimento.*
- Seus braços eram *muito pequenos, mas fortes!*

COMPARE!
- 4 m de altura
- 13 m de comprimento
- 8.800 kg

- 3 m de altura
- 5 m de comprimento
- 4.000 kg

Que medo!

A cabeça do tiranossauro media mais de 1 m, e, quando um dente se partia, era substituído por *outro.* Seu corpo era robusto, e seu esqueleto, pneumático – alguns de seus ossos eram ocos –, o que lhe permitia mover-se com certa agilidade.

93

DINOSSAUROS DO CRETÁCEO

Triceratopo
Cara com três chifres

Foram descobertos muitos fósseis de triceratopo, alguns bem preservados. Consequentemente, esse dinossauro já foi muito estudado. Era maior do que um elefante: media entre 8 e 9 m de comprimento, pesava entre 5 e 9 t e tinha um crânio enorme, que podia chegar a medir mais de 2 m! Vivia em grupo, tal como os bisões atuais.

Para que eram usados os chifres?

O triceratopo tinha dois chifres acima dos olhos, cada um com cerca de 1 m, e outro, menor, acima do focinho. *Talvez fossem usados para exibição e como meio de defesa contra os predadores.*

Tricerátopo

🦖 Foram descobertos muitos fósseis de tricerátopo com evidências de terem sofrido lesões em vida, mas que foram curadas: devem ter se envolvido em muitas brigas; afinal, 6.000 kg de "carne fresca" eram bastante tentadores para os carnívoros. No entanto, o crânio foi encontrado frequentemente em bom estado de preservação: *era uma incrível defesa contra os predadores!*

🦖 Quando o primeiro crânio foi descoberto, em 1887, os paleontólogos pensaram que se tratava de uma nova espécie de bisão. O tricerátopo *era um dos herbívoros mais abundantes do seu tempo e viveu até o final do Período Cretáceo.*

COMPARE!

- 3,3 m de altura
- 8-9 m de comprimento
- 5.000-9.000 kg

- 3 m de altura

DINOSSAUROS DO CRETÁCEO

Anquilossauro

Lagarto fundido

O anquilossauro era um dinossauro quadrúpede, com o corpo blindado. Tinha placas ósseas com pontas sobre o corpo e uma cauda com a extremidade em forma de martelo. Era enorme, medindo até 8 m de comprimento.

COMPARE!

- 2,2 m de altura
- 7,5-10 m de comprimento
- 8.000 kg

- 1,70 m de altura
- 80 kg

🦕 Os ossos do crânio e de outras partes do corpo eram muito unidos entre si, de modo que era difícil separá-los. *A parte superior do crânio era protegida por placas duras e, na parte de trás, por quatro cornos amplos com formas piramidais.*

🦕 Também podia atacar: *movia a cauda poderosa, que terminava em um conjunto de estruturas ósseas duras e pesadas.* Com um golpe desse "porrete", conseguia partir os ossos do adversário.

Tireóforos

Assim como o anquilossauro, os demais dinossauros desse grupo apresentavam um aspecto impressionante, com estruturas ósseas que formavam placas, espigões, cornos e um "porrete" na ponta da cauda. Eram animais *quadrúpedes, predominantemente herbívoros, e tinham um focinho curto e abobadado.*

DINOSSAUROS DO CRETÁCEO

Centrossauro

Réptil de chifre pontiagudo

O centrossauro tinha um chifre grande sobre o focinho e dois chifres menores no topo da cabeça, que se curvavam para a frente como ganchos. A expansão na parte de trás da cabeça não era totalmente preenchida por tecido ósseo: tinha dois grandes buracos cobertos por pele, o que a tornava mais leve. Era um dinossauro herbívoro e provavelmente vivia em grupo. Habitava a atual América do Norte e media cerca de 5,5 m de comprimento.

Proteção!

O crânio tinha uma expansão óssea com espinhos, inclinada para trás, *para proteger o pescoço de ataques de grandes predadores.*

Centrossauro

COMPARE!

- 2,1 m de altura
- 5,5 m de comprimento
- 2.000-2.500 kg

- 1,70 m de altura
- 80 kg

✤ DINOSSAUROS DO CRETÁCEO

Argentinossauro
Lagarto argentino

Um dos maiores e mais pesados dinossauros da história é o argentinossauro. Os paleontólogos não sabem o seu tamanho exato, pois apenas algumas partes do seu corpo foram encontradas, como vértebras e um fêmur. Algumas estimativas sugerem que poderia atingir mais de 35 m de comprimento e pesar entre 60 e 75 t. O pescoço, com mais de 8 m, seria no mínimo três vezes maior do que o de uma girafa. As patas, assim como nos outros saurópodes, pareciam pilares.

Herbívoro gigante!

O argentinossauro era herbívoro e usava *o pescoço longo para alcançar a vegetação*, incluindo as folhas de árvores altas, como as araucárias.

Argentinossauro

🦕 Viveu no final do Período Cretáceo, entre 96 e 92 milhões de anos atrás, na atual América do Sul. Pertencia ao grupo dos *saurópodes*, enormes dinossauros herbívoros que provavelmente se juntavam em grupos.

Que pesado!

O argentinossauro pesava mais que *dez elefantes-da-savana* juntos!

COMPARE!

- 12 m de altura
- 35 m de comprimento
- 60.000–75.000 kg

• 13 m de altura

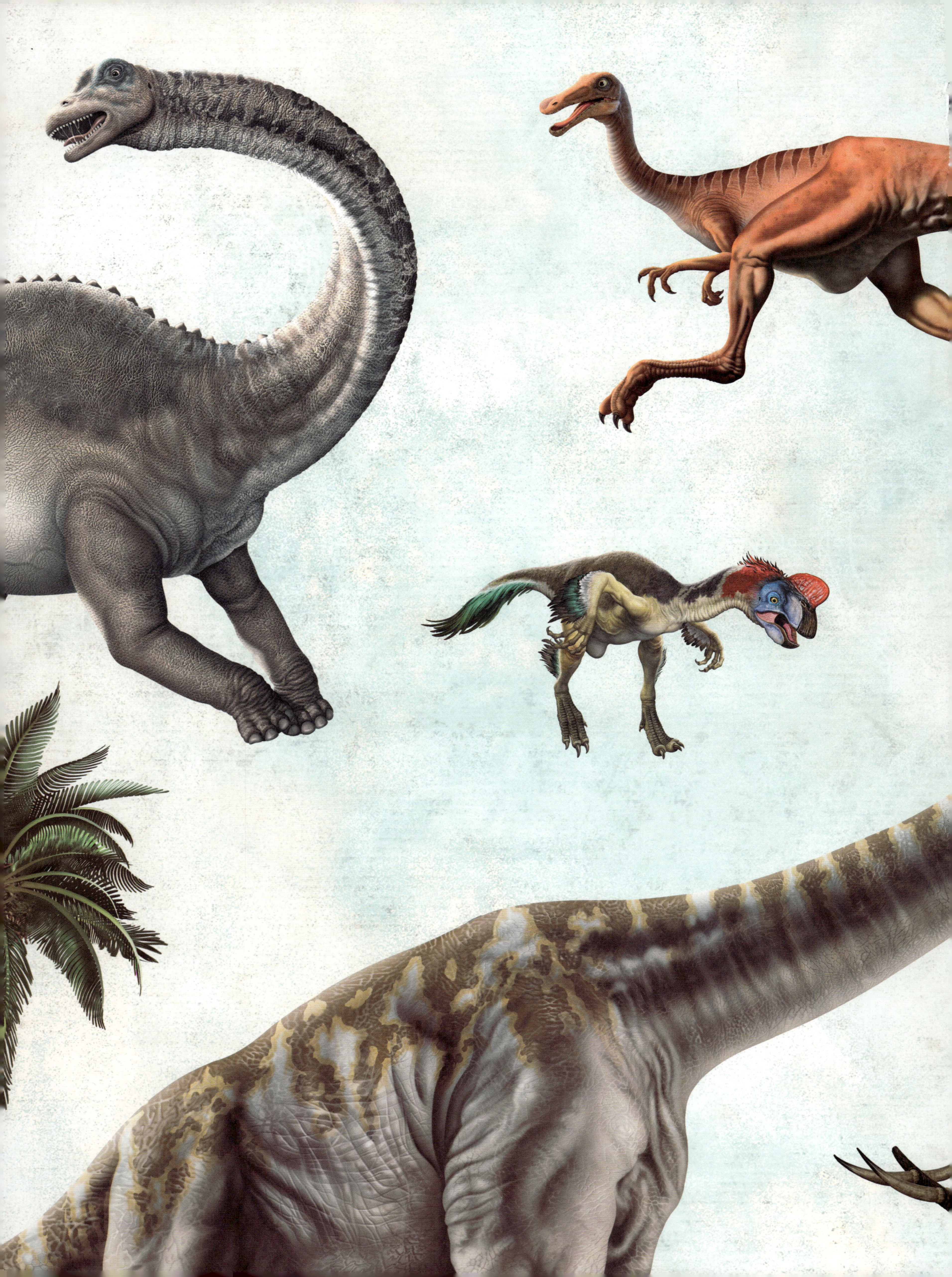